Dieses Buch gehört

Liebe Eltern,

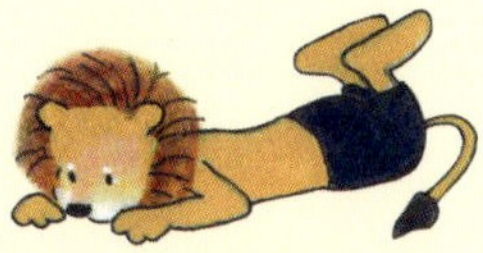

wir wollen Ihr Kind beim Lesenlernen unterstützen, und zwar mit Geschichten, die Spaß machen.

Unsere Bücher mit dem liebenswerten Leselöwen begleiten Ihr Kind durch die 1. Klasse. Sie enthalten eine spannende Geschichte mit einfachen Sätzen und gut lesbarer Schrift. Viele bunte Bilder sorgen für Lesepausen und helfen, die Geschichte zu verstehen. Mit den Aufgaben zum Text kann Ihr Kind selbst prüfen, ob es den Text richtig verstanden hat. Zu den markierten Wörtern warten am Ende des Buches spannende Fakten und in unserem Onlineportal finden Sie viele weitere Extras!

So wird Ihr Sohn oder Ihre Tochter zum echten Leselöwen!

Ihr

Leselöwe!

Leselöwen

Henriette Wich

Das Geheimnis des Meermädchens

Illustriert von Carola Sturm

Loewe

www.leseloewen.de

FSC
www.fsc.org
MIX
Papier | Fördert gute Waldnutzung
FSC® C015559

ISBN 978-3-7432-0133-0
5. Auflage 2025

Umschlag- und Innenillustrationen: Carola Sturm
Umschlaggestaltung: Michael Dietrich
Vignetten Leselöwe: Angelika Stubner

Druck und Bindung: Drukarnia Interak Sp. z o.o.,
Grzępy 50, 64-700 Czarnków, POLEN
produktsicherheit@loewe-verlag.de

www.loewe-verlag.de

Inhalt

Überraschung am Strand

Meermädchen Mila spielt
am Strand mit ihren Muscheln.
Die Sonne scheint
und das Meer rauscht.

Mila ist glücklich.
Leise singt sie vor sich hin,
ohne es zu merken.

Plötzlich hört Mila etwas.

Die Sandkörner knistern.

Dann sprießen wunderschöne
rosafarbene Seerosen
aus dem Sand.

Mila freut sich.
Aber sie erschrickt auch
ein bisschen.

Schnell schwimmt
das Meermädchen
zu Mama und Papa
ins **Korallen**-Haus.

„Ich habe gesummt und gespielt.
Plötzlich waren da Seerosen!“,
erzählt Mila aufgeregt.

Mama lächelt. „Du hast
deine besondere Gabe entdeckt.
Mit deinem Gesang kannst du
Seerosen herzaubern.“

Mila klatscht in die Hände.
„Juhu! Das erzähle ich
gleich meinen Freunden.“

„Warte!“, ruft Papa.

„Wir müssen dir noch was sagen.“

Aber Mila ist schon weg.

Klappt es noch mal?

Lilli, Billy und Fred spielen
Verstecken im Seegras.
Mila winkt ihre Freunde
zu sich her.

„Was ist los?“,
fragen die **Seepferdchen**
Lilli und Billy.

Feuerfisch Fred ist
auch neugierig.
Mila erzählt
die tolle Neuigkeit.

„Das glauben wir nicht!“,
rufen Lilli und Billy.
„Das musst du uns zeigen.“

„Kommt mit“, sagt Mila.
Sie schwimmen
zu ihrem Lieblingsplatz
mit der tollen Aussicht.

Aufgeregt singt Mila los.

Alle starren auf den Boden.

Aber da sind keine Seerosen.

Nur Sand und Steine!

Gefahr im tiefen Meer

Mila atmet ruhig
und probiert es noch mal.
Jetzt klappt es!

Sie zaubert zwölf Seerosen her.
Die schweben im Wasser und
sinken langsam in die Tiefe.

Fred taucht den Seerosen nach.
„Komm zurück!“, ruft Mila.
„Es wird schon dunkel.
Die **Muränen** wachen auf.“

Aber Fred kommt nicht wieder.
„Schnell, hinterher!“,
ruft Lilli besorgt.

Endlich finden sie Fred.
Er steckt in einem Fischernetz
und blubbert: „Hilfe!“
Schon sind seine Freunde da.

Billy fällt etwas ein.
„Du hast doch da
so ein Zaubermittel
in deiner Rückenflosse!“

„Ja, stimmt!“, ruft Fred.
Er versprüht sein Gift und
zerstört damit das Netz.

Plötzlich saust eine Muräne
auf den Feuerfisch zu.
Sie will ihn fressen!

Hilfe für Fred

Mila hat große Angst um Fred.
Mutig wirft sie sich vor ihn
und singt laut und schrill.

Die Muräne zuckt zurück
und schwimmt schnell weg.
Sofort tauchen Lilli und Billy
unter den Feuerfisch.

Mila hilft auch mit.
Zu dritt bringen die Freunde
Fred sicher nach oben.

Geschafft! Fred ist gerettet
und alle sind sehr froh.
Das wollen sie unbedingt
Milas Eltern erzählen.

„Toll gemacht!“, lobt Mama.

Und Papa verrät,

was er vorher noch sagen wollte.

„Du kannst Seerosen herzaubern.
Und du kannst mit deinem Gesang
Feinde verjagen.
Das ist deine Gabe.“

Mama nickt.
„Du musst nur ganz laut
und schrill singen.“

„Soll ich noch mal?“,
fragt Mila.
„Bloß nicht!“,
rufen alle und lachen.

Fragen und Antworten

1. Welche Farbe haben die Seerosen, die Mila herbeizaubert? Kreise ein.

Antwort: Rosa

2. Womit kann Mila Seerosen herbeizaubern? Kreuze an.

- ☐ Singen
- ☐ Lachen
- ☐ Schreien

Antwort: Singen

3. Lies genau in Spiegelschrift. Wie heißt keiner von Milas Freunden?

- ☐ Billy
- ☐ Lilli
- ☐ Silly

Antwort: Silly

4. Verkehrt herum! Was ist Milas zweite Fähigkeit? Kreuze an.

- ☐ Neuerfre Ednief
- ☐ Neuahrev Ednief
- ☐ Negajrev Ednief

Antwort: Feinde verjagen

5. Wen verjagt Mila? Bringe die Buchstaben in die richtige Reihenfolge.

E U N Ä R M

Antwort: Muräne

Schon gewusst?

Meermädchen (Seite 8):

Mit einer großen Flosse kommt man im Wasser viel besser voran als mit zwei Menschenfüßen. Beim „Flossenschwimmen“ schlüpft man deshalb mit beiden Füßen in eine Flosse – wie ein Meermädchen!

Korallen (Seite 13):

Korallen sind Meerestiere, die in Kolonien leben. Aus ihren Skeletten bilden sich Korallenriffe, in denen viele andere Tiere leben. Das größte Korallenriff der Erde ist das Great Barrier Reef im Nordosten Australiens.

Seepferdchen (Seite 19):

Seepferdchen führen ein ruhiges Leben. Statt zu jagen, warten sie lieber, bis ihre Nahrung an ihnen vorbeischwimmt. So brauchen sie nur danach zu schnappen. Außerdem besonders: Bei den Seepferdchen bekommen die Männchen die Kinder.

Feuerfisch (Seite 20):

Feuerfische haben Gift in ihrer Rückenflosse. Für Menschen ist das Gift zwar schmerzhaft, aber nicht tödlich. Feuerfische setzen ihr Gift nicht zur Jagd ein, sondern zur Verteidigung.

Muränen (Seite 26):

Muränen sind Raubfische, sie ernähren sich nur von anderen Meereslebewesen. Sie leben versteckt in Korallenriffen, Felsspalten oder Höhlen. Nur zur Jagd kommen sie heraus.

Blättere schnell um und trage die blauen Buchstaben in der richtigen Reihenfolge in die Kästchen ein!

Henriette Wich, 1970 in Landshut geboren, hat zahlreiche Kinder- und Jugendbücher geschrieben, darunter viele Krimis der erfolgreichen Reihe „Die drei !!!". Henriette Wich lebt mit ihrer Familie in Regensburg.

Carola Sturm, geboren 1965 in Berlin, war schon als Kind von Bilderbüchern fasziniert und liebte das Malen. Sie studierte Kommunikationsdesign mit Schwerpunkt Illustration. Seit 1994 arbeitet sie freiberuflich als Illustratorin und malt am liebsten für Kinder. Ihre schönsten Bild-Ideen hat sie bei Hundespaziergängen durch die Natur.

Das Leselöwen-Lösungswort

Besuche den Leselöwen auf www.leseloewen.de und trage die farbigen Buchstaben von den Seiten *Schon gewusst?* in der richtigen Reihenfolge in die magische Box ein.

Wenn du das Lösungswort gefunden hast, kommst du auf die geheime Seite mit vielen weiteren Spielen und Rätseln!

Der Leselöwe freut sich auf dich!